D1747442

Mehr über unsere Bücher, Autoren und Illustratoren auf:
www.gabriel-verlag.de

Theologische Beratung: Dr. Jörg Schneider

Beutler, Dörte; Heitmann, Michaela
Die Geschichte vom Heiligen Nikolaus
ISBN 978 3 522 30544 0

Einbandtypografie: Sabine Reddig
Reproduktion: HKS-artmedia, Ostfildern-Kemnat
Druck und Bindung: Livonia Print, Riga

© 2019 Gabriel in der Thienemann-Esslinger Verlag GmbH, Stuttgart.
Printed in Latvia. Alle Rechte vorbehalten

Nikolaus spielte nicht oft mit anderen Kindern. Viel lieber ging er in die Kirche und hörte dort die Geschichten aus der Bibel.

Als junger Mann wollte Nikolaus den Menschen helfen und ihnen von Gott erzählen und wurde Priester.
Schon bald danach starben seine Eltern. Sie hinterließen ihm ein großes Vermögen. Nikolaus war sehr traurig, er vermisste seine Eltern und konnte sich über den Reichtum nicht freuen: »Was soll ich mit all den Dingen und dem Geld?«
Doch dann erinnerte er sich an das, was seine Eltern ihm immer gesagt hatten, und er verteilte sein ganzes Vermögen an die Armen der Stadt.

Die Geschichte vom Heiligen Nikolaus

Dörte Beutler · Michaela Heitmann

Gabriel

Vor langer, langer Zeit wurde in der Hafenstadt Patras am Mittelmeer ein Junge geboren. Seine Eltern nannten ihn Nikolaus.

Die Eltern von Nikolaus waren reiche Kaufleute. Sie besaßen Gold, Silber, Edelsteine, viele Häuser und Tiere. Und sie waren sehr fromm. Oft erzählten sie ihrem kleinen Sohn von Gott und von Jesus Christus und sagten zu ihm: »Es ist wichtig zu teilen und den Menschen zu helfen, denen es nicht gut geht.«

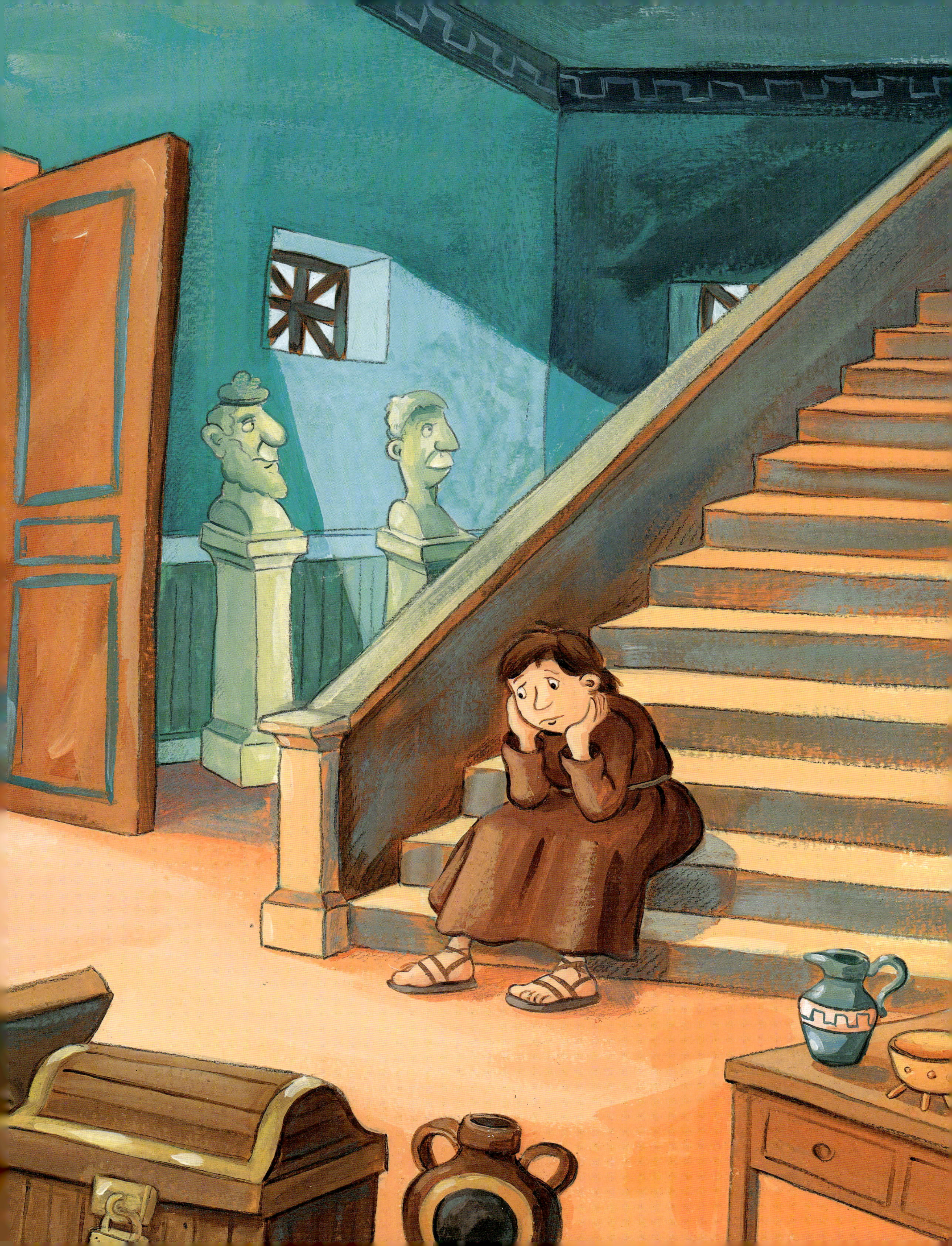

In der Nähe von Nikolaus lebte ein verarmter Kaufmann mit seinen
drei Töchtern. Die Mutter war gestorben und der Vater war danach
so traurig, dass er nicht mehr arbeiten konnte. Stattdessen verspielte
er sein gesamtes Vermögen.

Er musste sich schließlich Geld leihen, um Essen für sich und seine
Töchter zu kaufen. Seine Schulden wurden mehr und mehr.
Der Vater war verzweifelt.
Eines Abends rief er seine Töchter zu sich und sagte:
»Meine lieben Töchter, wir haben nicht mehr
genug Geld, um uns etwas zu essen zu kaufen.
Ich weiß keinen anderen Rat, ihr müsst als
Bettlerinnen auf der Straße um Almosen
bitten. Sonst werden wir verhungern.«

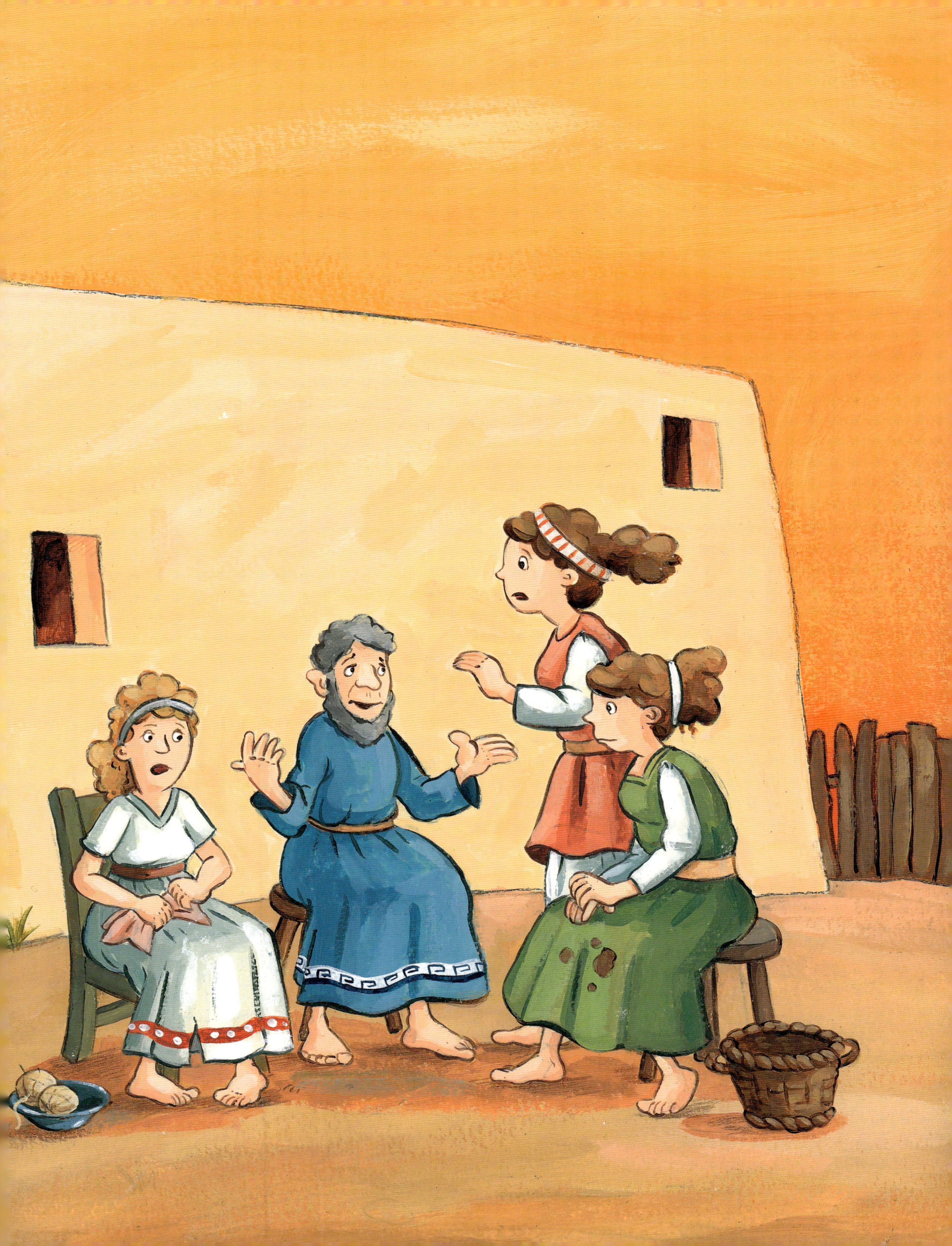

Nikolaus hörte von der Familie und deren Unglück und dachte: »Ich möchte dem armen Mann und seinen Töchtern helfen. Aber keiner soll erfahren, dass ich es war.«
In den drei folgenden Nächten nahm er jeweils einen Klumpen Gold, wickelte ihn in einen kleinen Sack und schlich durch die dunklen Gassen zu dem Haus der Familie. Dort warf er das Säckchen durch ein offenes Fenster und eilte davon.
Als der Vater am nächsten Morgen das Gold fand, freute er sich sehr, da seine Töchter nun nicht betteln gehen mussten und er all seine Schulden bezahlen konnte.

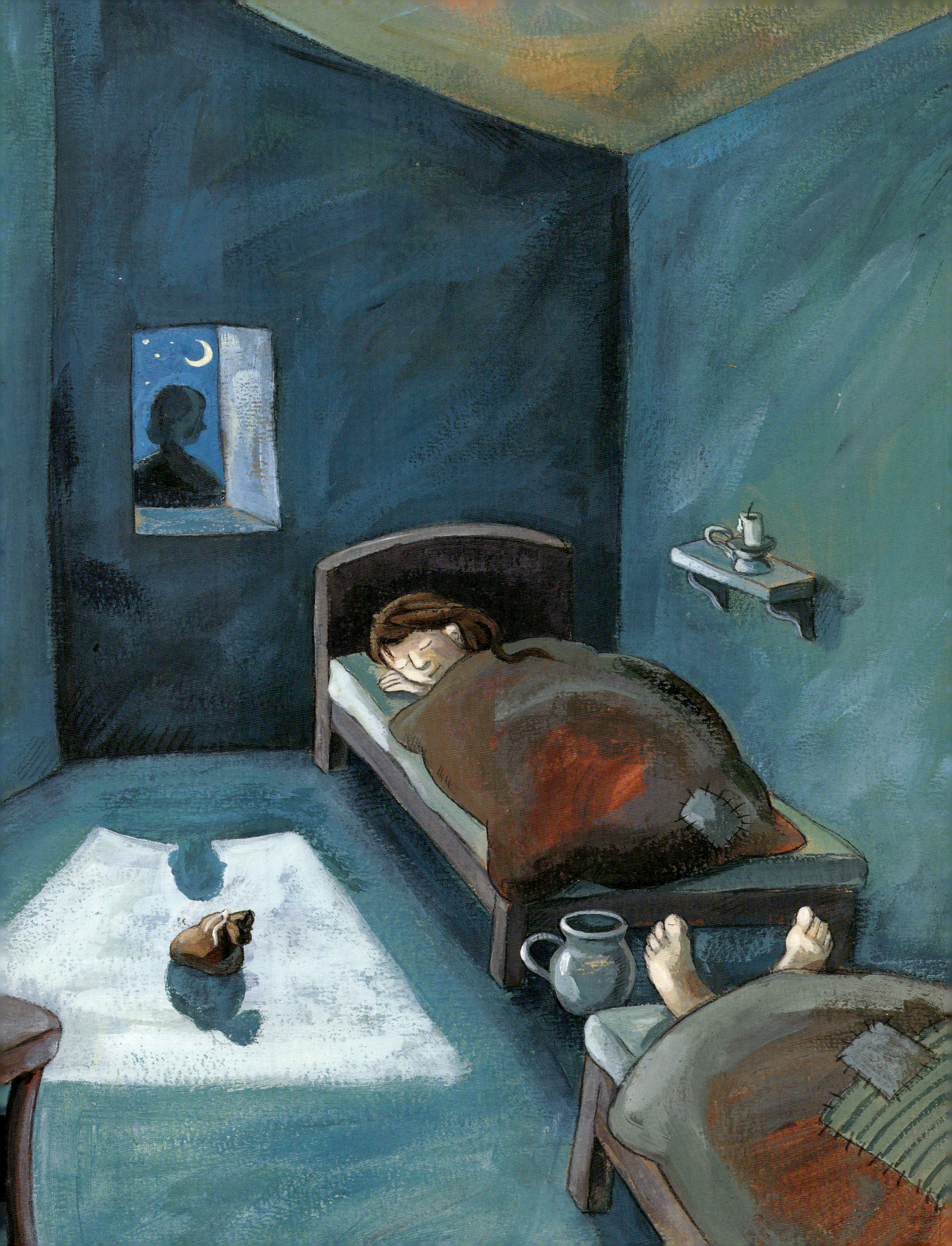

Als der Bischof der Stadt Myra starb, einer großen Stadt in der Nähe der Stadt Patras, versammelten sich die Bischöfe des Landes und berieten, wer der Nachfolger sein sollte. Sie wählten Nikolaus.
Sie hatten gehört, dass er ein guter Priester war und viel Gutes tat.

Und Nikolaus wurde ein guter Bischof. Er half mit dem Geld seiner Eltern den Armen und den Kindern. Er baute Häuser für Waisenkinder und gab den Menschen, die nicht genug Geld hatten, Kleidung und Essen.
Die Menschen der Stadt Myra mochten ihn sehr.

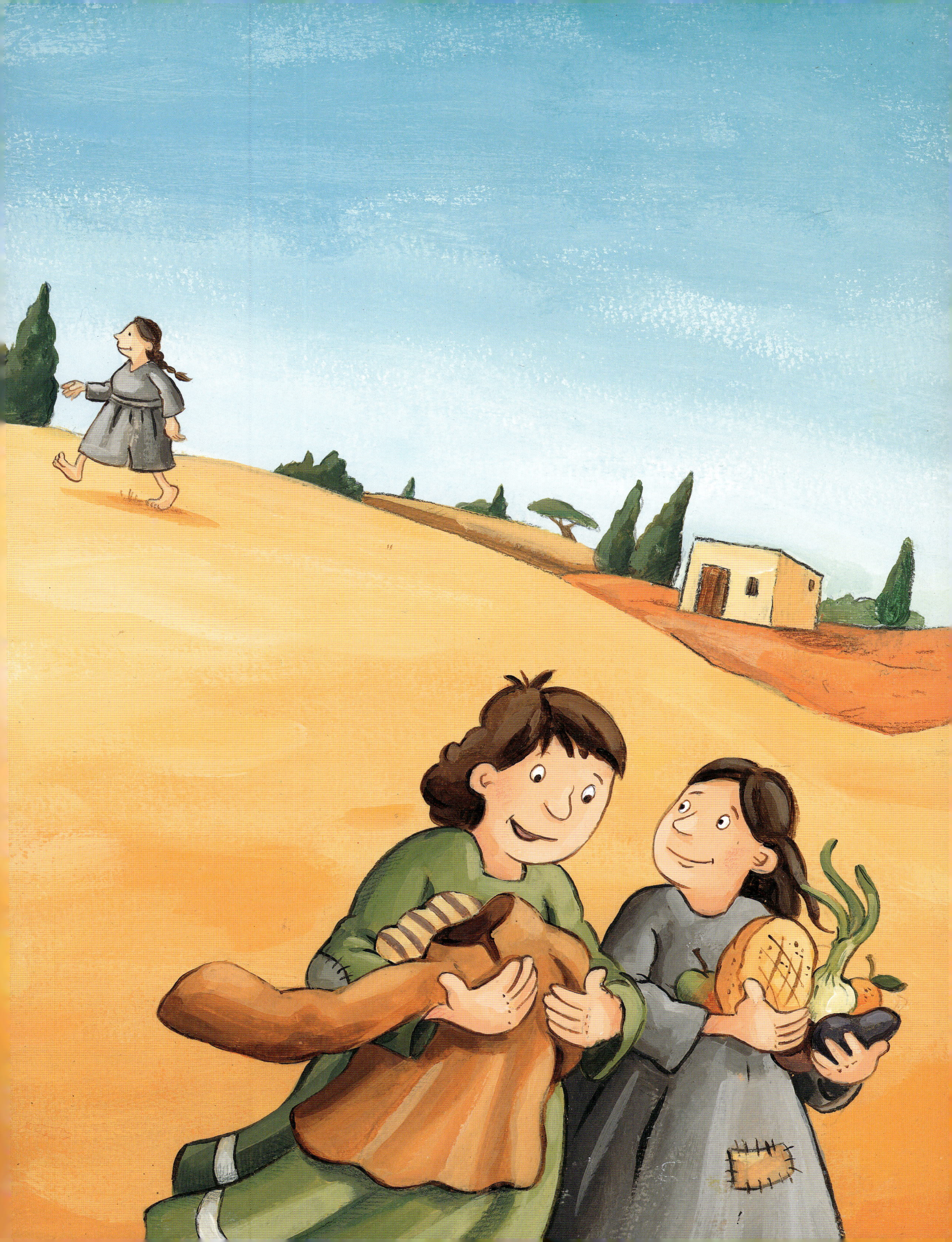

Zu der Zeit, als Nikolaus Bischof in Myra war, herrschte dort eine große Hungersnot. Es hatte lange nicht geregnet und die Ernte vertrocknete auf dem Feld. Die Bauern konnten nichts ernten und die Bäcker hatten kein Getreide, um Brot zu backen. An einem Morgen kam eine Frau zum Bischof Nikolaus und bat: »Lieber Bischof, uns fehlt Mehl und Brot. Wir haben nichts zu essen und unsere Kinder müssen hungern.«

Nikolaus antwortete: »Liebe Frau, ihr müsst zu Gott beten. Habt keine Angst. Er wird unsere Bitten erhören und uns in unserer Not helfen.«

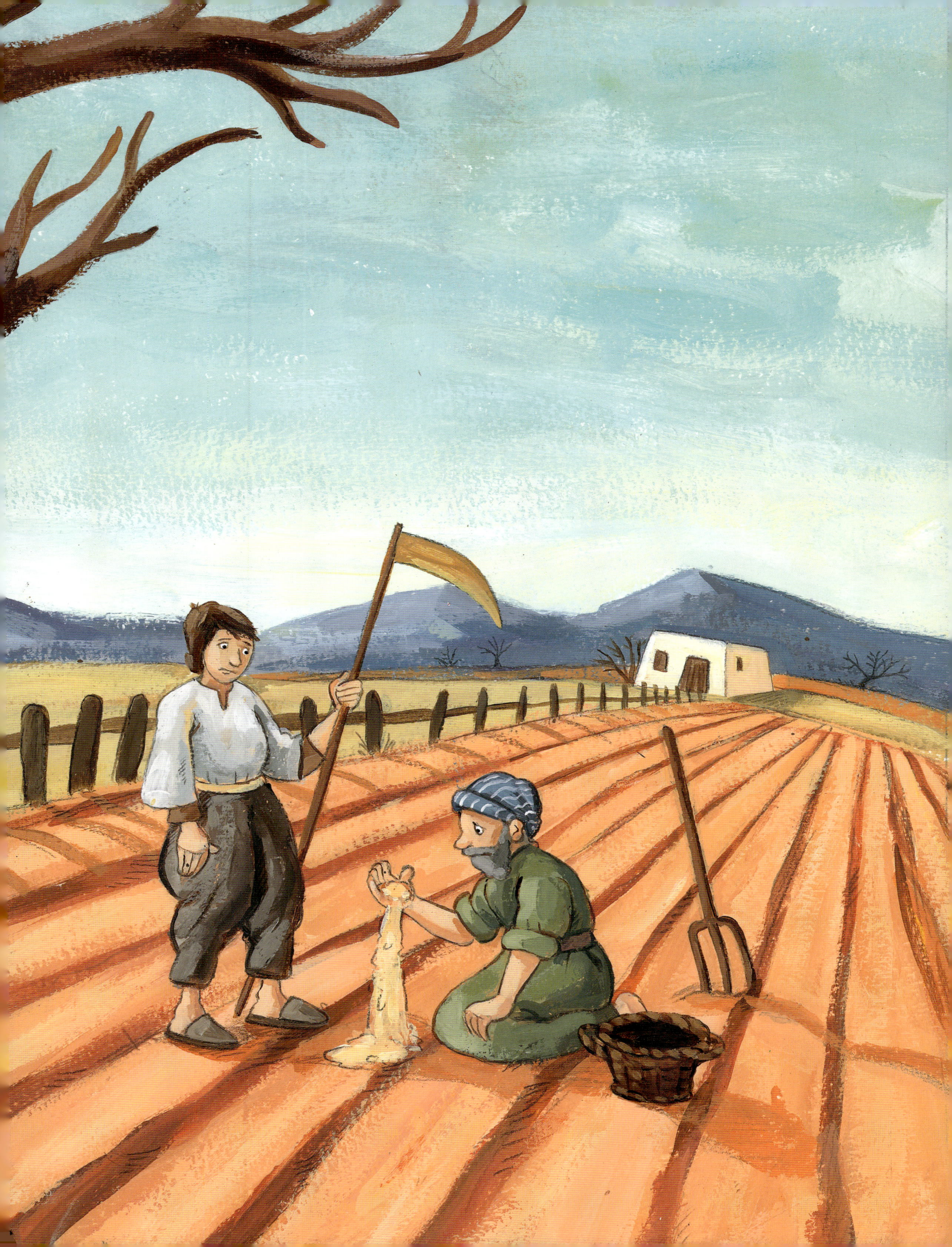

Tatsächlich ging bald darauf in der Stadt das Gerücht um, dass im Hafen Schiffe eingetroffen seien. Sie sollten über und über mit Weizen beladen sein. Auch Nikolaus erfuhr davon und er machte sich sogleich auf den Weg in den Hafen.
Dort traf er die Seeleute und bat: »In unserer Stadt herrscht eine große Hungersnot. Bitte gebt uns einen Teil des Korns, damit wir Brote daraus backen können. Unsere Kinder leiden Hunger!«
Aber die Seeleute wollten keinen einzigen Sack abgeben. Das Getreide war für den mächtigen Kaiser von Konstantinopel bestimmt. Und was würde wohl mit ihnen passieren, wenn ein Teil der Fracht fehlte? Der Kaiser würde sicherlich sehr zornig sein.

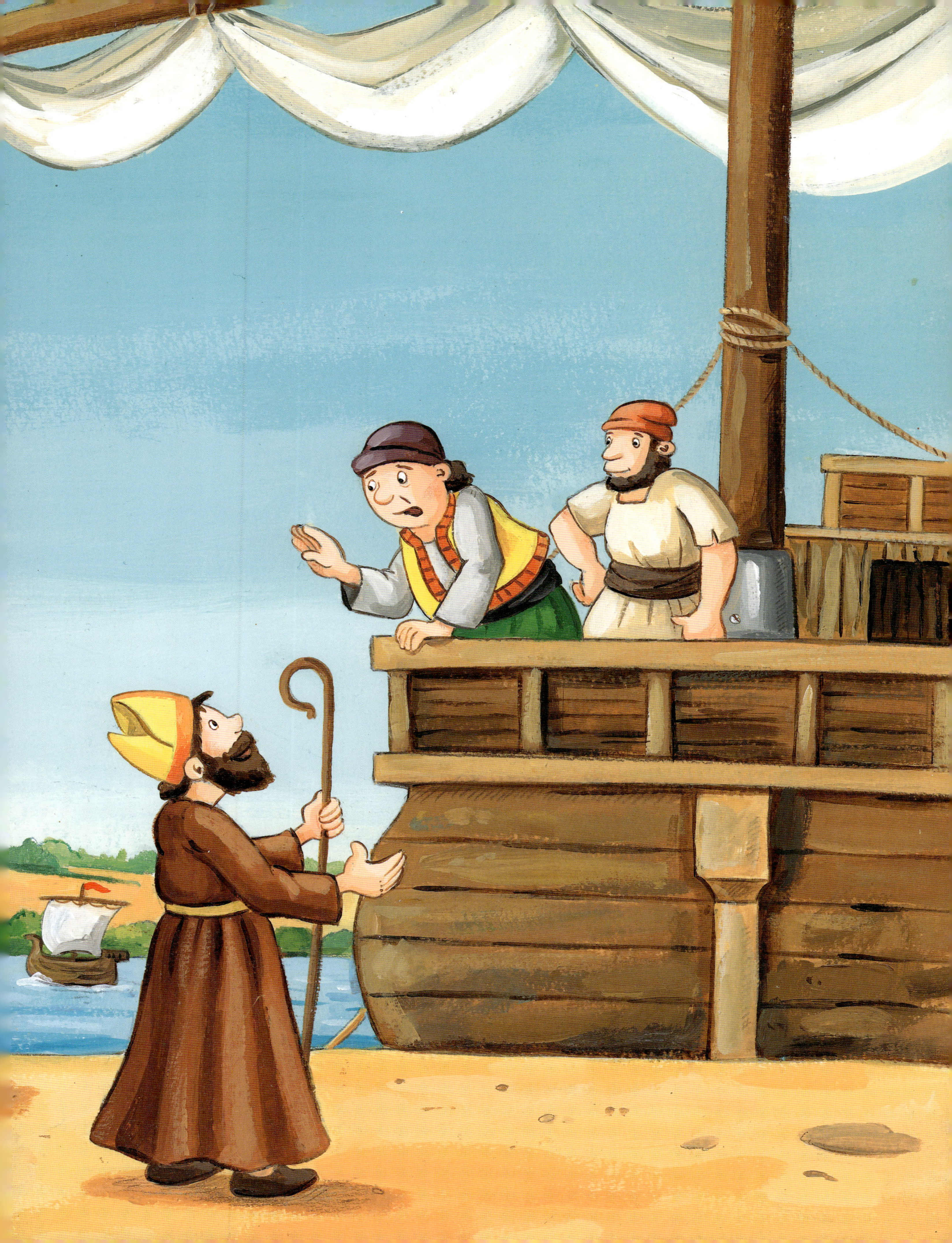

Doch Nikolaus versprach: »Habt keine Angst. Bei der Ankunft in Konstantinopel wird nicht ein einziges Korn fehlen. Ihr könnt Gott vertrauen.«
Die Seeleute wunderten sich, widersprachen Nikolaus aber nicht. Sie übergaben ihm genug Getreide, um die leeren Mägen der Menschen von Myra zu füllen und die Felder neu zu bepflanzen. Nikolaus verteilte das Korn und die Menschen waren glücklich.

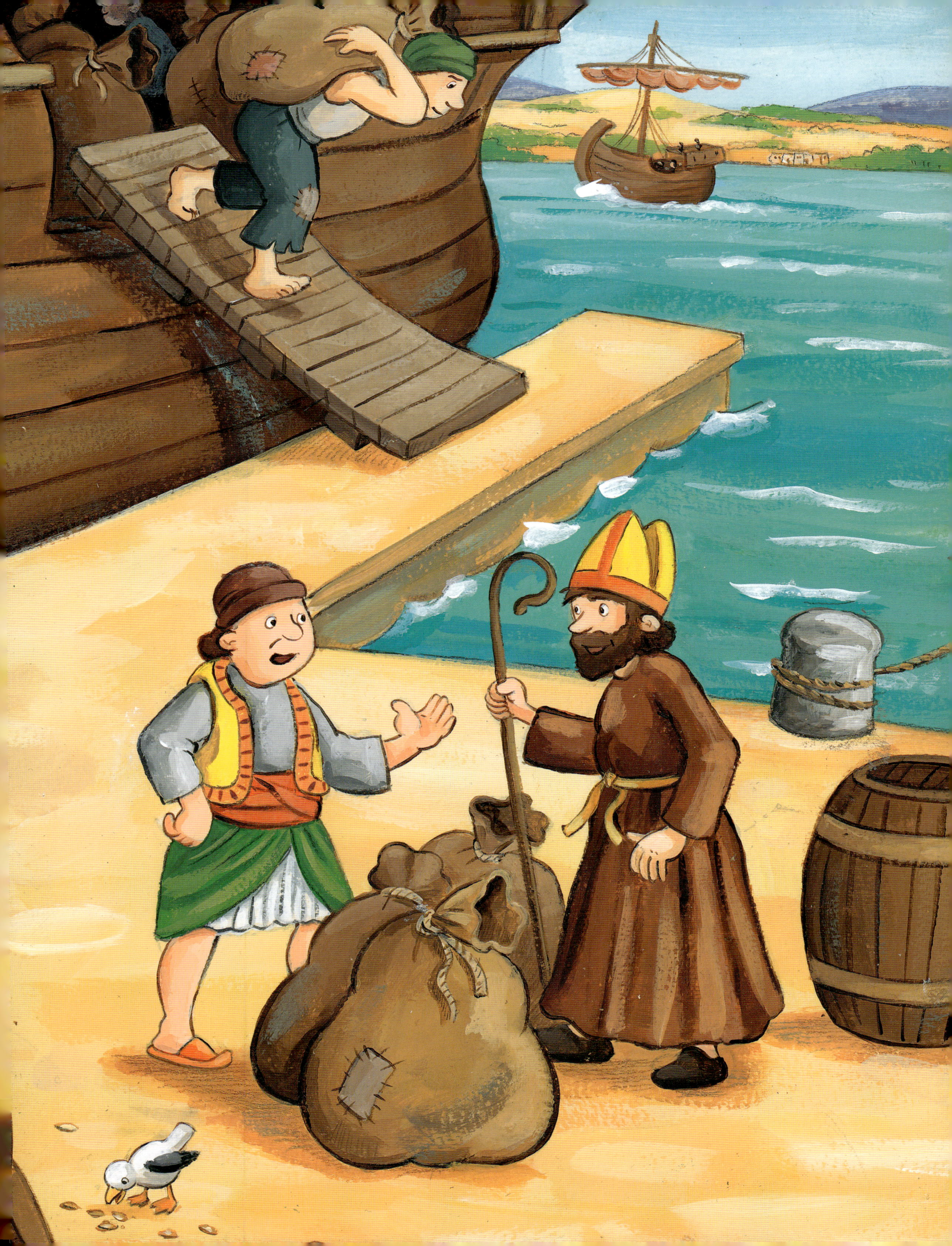

Die Schiffe fuhren bald darauf weiter nach Konstantinopel.
Kurz nach ihrer Ankunft im Hafen wurde das Getreide gewogen. Die Seeleute waren gespannt: Ob der Bischof Nikolaus wohl recht behalten sollte?
Tatsächlich, es fehlte nicht ein einziges Korn! Die Seeleute priesen Gott und den Bischof Nikolaus und die Menschen erzählten sich überall von dem Wunder, das geschehen war.

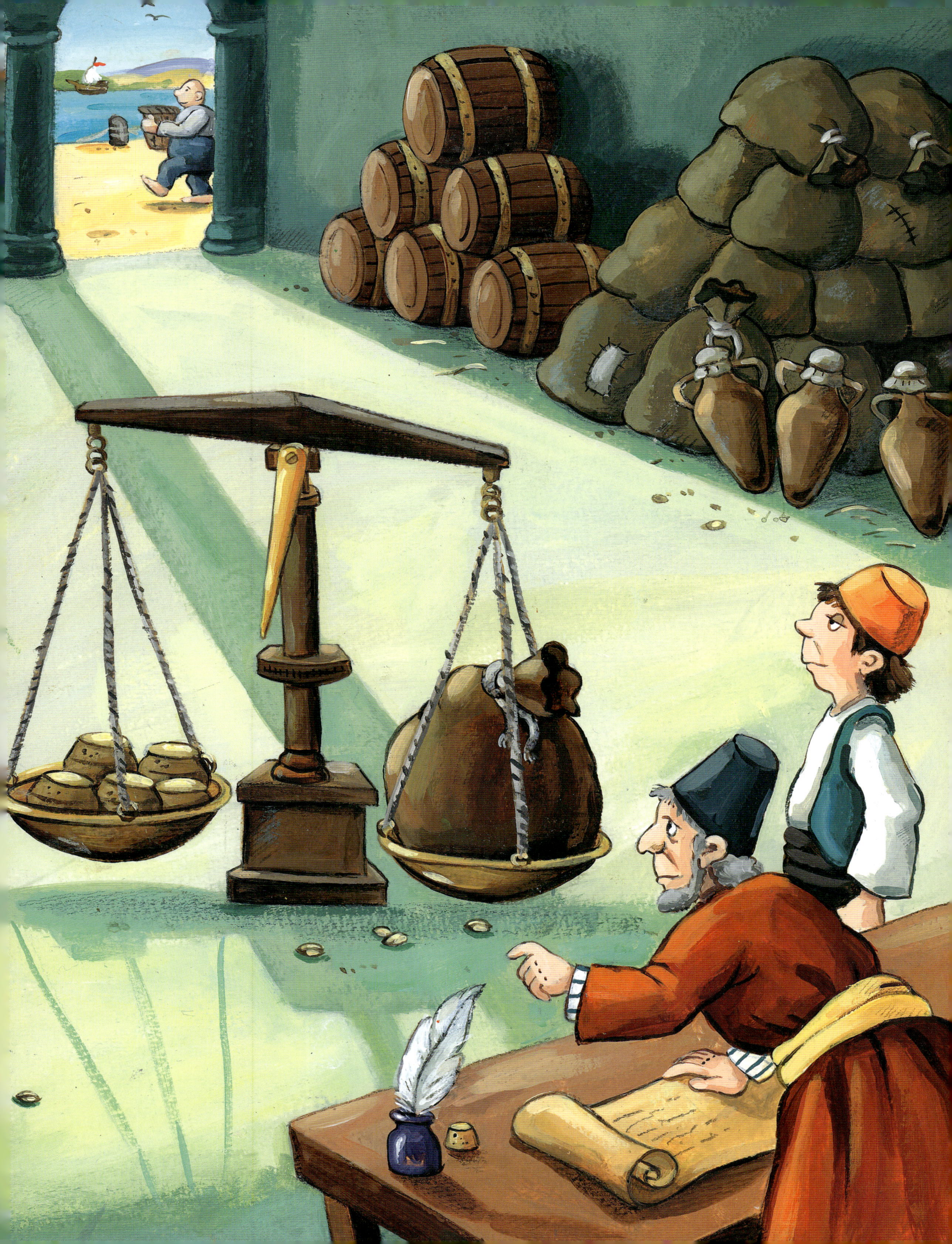

Wenig später war ein anderes Schiff auf dem Mittelmeer unterwegs. Es war voll beladen und lag tief im Wasser. Da begann ein heftiger Sturm und das Meer schlug hohe Wellen.
Der starke Wind und das Wasser rissen an den Segeln und Wasser schwappte in das Schiff. Die Seeleute hatten große Angst und beteten und riefen: »Bitte, lieber Nikolaus, hilf uns, wie du schon vielen anderen Menschen in Not geholfen hast!«

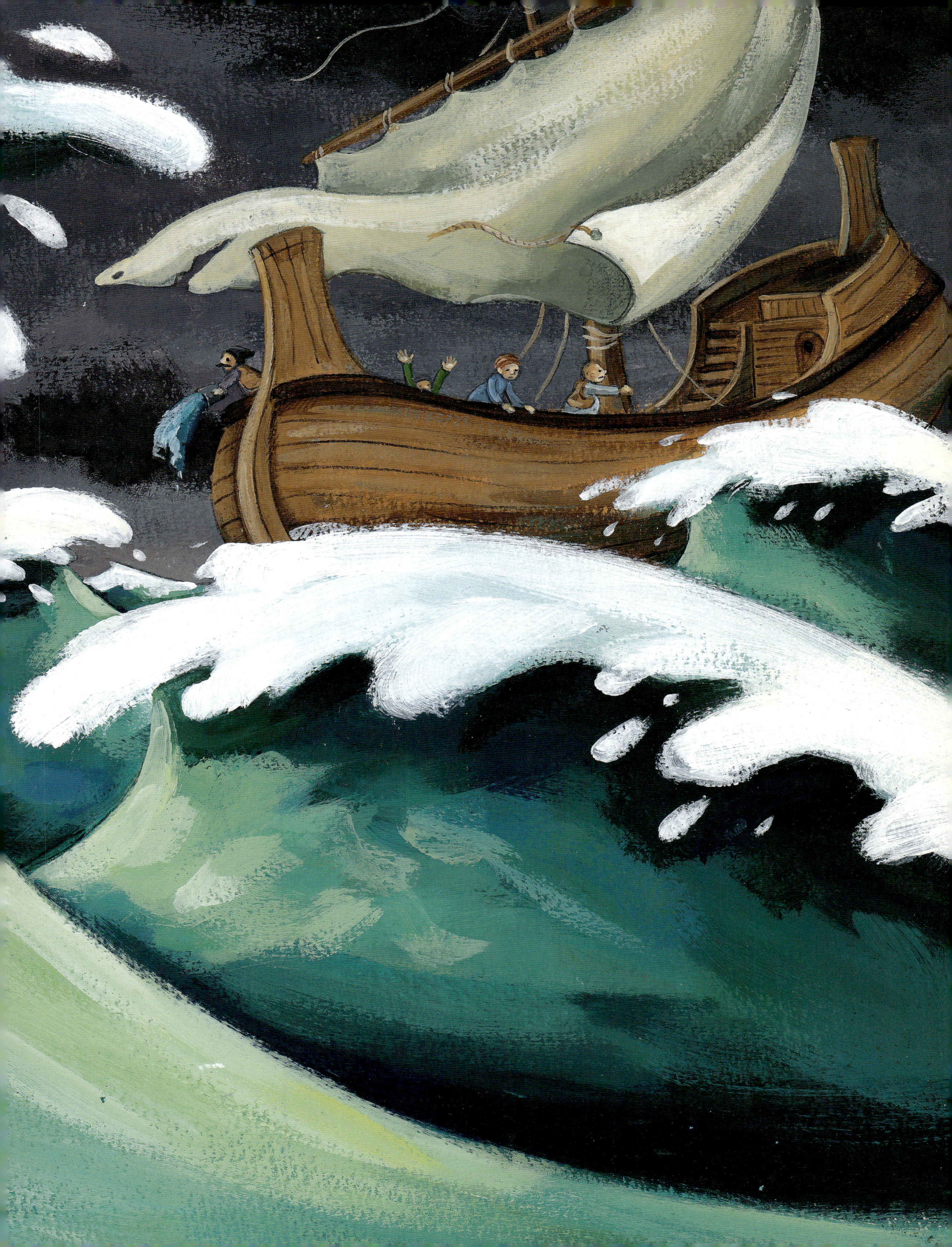

Plötzlich erschien an Deck ein ihnen unbekannter Mann mit einem langen Mantel. Dieser richtete schweigend die Segel, entfernte das Wasser aus dem Schiff und lenkte es durch das nun ruhige Meer sicher in den nächsten Hafen.

Überglücklich eilten die Seeleute ans Ufer und zur nächsten Kirche, um Gott für ihre Rettung zu danken. Dort staunten sie sehr: Vor ihnen stand leibhaftig der Mann, der sie auf dem Meer gerettet hatte. Es war der Bischof von Myra, es war Nikolaus. Die Seeleute fielen vor ihm auf die Knie, aber Nikolaus sagte: »Nicht ich habe geholfen, sondern euer Glaube und das Vertrauen an Gott. Gott müsst ihr danken.«

So beteten die Seeleute zu Gott und dankten für ihre Rettung. Und sie erzählten ihren Familien und Freunden vom Bischof Nikolaus, von all seinen guten Taten und dass er immer für die Armen und die in Not geratenen Menschen da war.
Und diese Menschen erzählten es wiederum ihren Freunden und Familien, sodass die Geschichte vom Nikolaus immer weiter in die Welt getragen wurde.

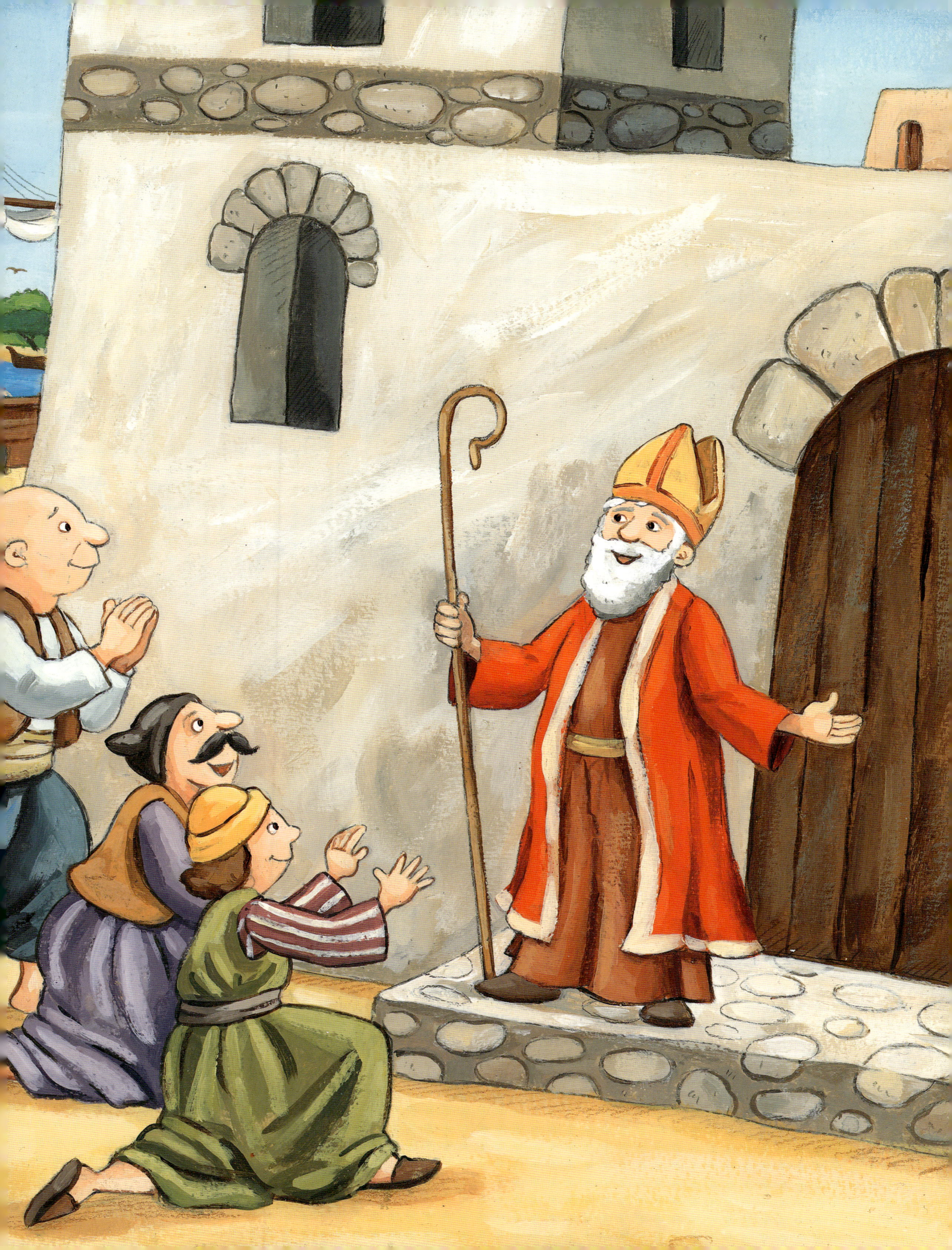

Lasst uns froh und munter sein

Volksweise aus dem Rheinland

1. Lasst uns froh und munter sein und uns recht von Herzen freu'n. Lustig, lustig, tra-le-ra-la-la, bald ist Niklaus-a-bend da, bald ist Niklaus-a-bend da.